THIS BOOK BELONGS TO:

_____

POD Idea #_____

ROUGH SKETCH

IDEA SYNOPSIS:

_____

_____

_____

_____

_____

_____

_____

_____

_____

_____

NICHE: _____

DESIGNER:_____ COST: _____

DESIGN PLATFORM: _____

FILE NAME AND LOCATION: _____

_____

DESIGN TECNIQUES: _____

_____

_____

_____

_____

_____

_____

_____

_____

_____

POD PLATFORMS UPLOADED: _____

_____

_____

_____

_____

_____

_____

_____

_____

_____

_____

_____

_____

AD PLATFORMS: _____

_____

_____

_____

_____

_____

DESIGN SCALING IDEAS: _____

_____

_____

_____

_____

_____

_____

_____

_____

_____

NOTES: _____

_____

_____

_____

_____

_____

_____

_____

_____

_____

POD Idea #_____

ROUGH SKETCH

IDEA SYNOPSIS:

_____

_____

_____

_____

_____

_____

_____

_____

_____

_____

NICHE: _____

DESIGNER: _____ COST: _____

DESIGN PLATFORM: _____

FILE NAME AND LOCATION: _____

_____

DESIGN TECNIQUES: _____

_____

_____

_____

_____

_____

_____

_____

POD PLATFORMS UPLOADED: _____

_____

_____

_____

_____

_____

_____

_____

_____

_____

_____

_____

AD PLATFORMS: _____

_____

_____

_____

_____

DESIGN SCALING IDEAS: _____

_____

_____

_____

_____

_____

_____

_____

_____

NOTES:

_____

_____

_____

_____

_____

_____

_____

_____

_____

_____

POD Idea #_____

ROUGH SKETCH

IDEA SYNOPSIS:

_____

_____

_____

_____

_____

_____

_____

_____

_____

_____

NICHE: _____

DESIGNER:_____ COST: _____

DESIGN PLATFORM: _____

FILE NAME AND LOCATION: _____

_____

DESIGN TECNIQUES: _____

_____

_____

_____

_____

_____

_____

_____

_____

POD PLATFORMS UPLOADED: _____

_____

_____

_____

_____

_____

_____

_____

_____

_____

_____

_____

_____

AD PLATFORMS: _____

_____

_____

_____

_____

DESIGN SCALING IDEAS: _____

_____

_____

_____

_____

_____

_____

_____

_____

NOTES:

_____

_____

_____

_____

_____

_____

_____

_____

_____

_____

POD Idea #_____

ROUGH SKETCH

IDEA SYNOPSIS:

_____

_____

_____

_____

_____

_____

_____

_____

_____

_____

NICHE: _____

DESIGNER:_____ COST: _____

DESIGN PLATFORM: _____

FILE NAME AND LOCATION: _____

_____

DESIGN TECNIQUES: _____

_____

_____

_____

_____

_____

_____

_____

POD PLATFORMS UPLOADED: _____

_____

_____

_____

_____

_____

_____

_____

_____

_____

AD PLATFORMS: _____

_____

_____

_____

_____

_____

DESIGN SCALING IDEAS: _____

_____

_____

_____

_____

_____

_____

_____

_____

NOTES:

_____

_____

_____

_____

_____

_____

_____

_____

_____

POD Idea #_____

ROUGH SKETCH

IDEA SYNOPSIS:

_____

_____

_____

_____

_____

_____

_____

_____

_____

NICHE: _____

DESIGNER:_____ COST: _____

DESIGN PLATFORM: _____

FILE NAME AND LOCATION: _____

_____

DESIGN TECNIQUES: _____

_____

_____

_____

_____

_____

_____

_____

_____

POD PLATFORMS UPLOADED: _____

_____

_____

_____

_____

_____

_____

_____

_____

_____

_____

_____

AD PLATFORMS: _____

_____

_____

_____

_____

DESIGN SCALING IDEAS: _____

_____

_____

_____

_____

_____

_____

_____

_____

NOTES: _____

_____

_____

_____

_____

_____

_____

_____

_____

_____

_____

POD Idea #_____

ROUGH SKETCH

IDEA SYNOPSIS:

_____

_____

_____

_____

_____

_____

_____

_____

_____

_____

NICHE: _____

DESIGNER:_____ COST: _____

DESIGN PLATFORM: _____

FILE NAME AND LOCATION: _____

_____

DESIGN TECNIQUES: _____

_____

_____

_____

_____

_____

_____

_____

_____

POD PLATFORMS UPLOADED: _____

_____

_____

_____

_____

_____

_____

_____

_____

_____

_____

_____

AD PLATFORMS: _____

_____

_____

_____

_____

DESIGN SCALING IDEAS: _____

_____

_____

_____

_____

_____

_____

_____

_____

NOTES:

_____

_____

_____

_____

_____

_____

_____

_____

_____

_____

_____

POD Idea #_____

ROUGH SKETCH

IDEA SYNOPSIS:

_____

_____

_____

_____

_____

_____

_____

_____

_____

_____

NICHE: _____

DESIGNER:_____ COST: _____

DESIGN PLATFORM: _____

FILE NAME AND LOCATION: _____

_____

DESIGN TECNIQUES: _____

_____

_____

_____

_____

_____

_____

_____

_____

POD PLATFORMS UPLOADED: _____

_____

_____

_____

_____

_____

_____

_____

_____

_____

_____

_____

_____

AD PLATFORMS: _____

_____

_____

_____

_____

DESIGN SCALING IDEAS: _____

_____

_____

_____

_____

_____

_____

_____

_____

NOTES:

_____

_____

_____

_____

_____

_____

_____

_____

_____

_____

POD Idea #_____

ROUGH SKETCH

IDEA SYNOPSIS:

_____

_____

_____

_____

_____

_____

_____

_____

_____

_____

NICHE: _____

DESIGNER:_____ COST: _____

DESIGN PLATFORM: _____

FILE NAME AND LOCATION: _____

_____

DESIGN TECNIQUES: _____

_____

_____

_____

_____

_____

_____

_____

_____

POD PLATFORMS UPLOADED: _____

_____

_____

_____

_____

_____

_____

_____

_____

_____

_____

_____

AD PLATFORMS: _____

_____

_____

_____

_____

DESIGN SCALING IDEAS: _____

_____

_____

_____

_____

_____

_____

_____

NOTES:

_____

_____

_____

_____

_____

_____

_____

_____

_____

POD Idea #_____

ROUGH SKETCH

IDEA SYNOPSIS:

_____

_____

_____

_____

_____

_____

_____

_____

_____

_____

NICHE: _____

DESIGNER: _____ COST: _____

DESIGN PLATFORM: _____

FILE NAME AND LOCATION: _____

_____

DESIGN TECNIQUES: _____

_____

_____

_____

_____

_____

_____

_____

_____

POD PLATFORMS UPLOADED: _____

_____

_____

_____

_____

_____

_____

_____

_____

_____

_____

_____

_____

AD PLATFORMS: _____

_____

_____

_____

_____

_____

DESIGN SCALING IDEAS: _____

_____

_____

_____

_____

_____

_____

_____

_____

_____

NOTES:

_____

_____

_____

_____

_____

_____

_____

_____

_____

_____

_____

POD Idea #_____

ROUGH SKETCH

IDEA SYNOPSIS:

_____

_____

_____

_____

_____

_____

_____

_____

_____

_____

NICHE: _____

DESIGNER:_____ COST: _____

DESIGN PLATFORM: _____

FILE NAME AND LOCATION: _____

_____

DESIGN TECNIQUES: _____

_____

_____

_____

_____

_____

_____

_____

POD PLATFORMS UPLOADED: _____

_____

_____

_____

_____

_____

_____

_____

_____

_____

_____

_____

AD PLATFORMS: _____

_____

_____

_____

_____

_____

DESIGN SCALING IDEAS: _____

_____

_____

_____

_____

_____

_____

_____

_____

NOTES:

_____

_____

_____

_____

_____

_____

_____

_____

_____

_____

POD Idea #_____

ROUGH SKETCH

IDEA SYNOPSIS:

_____

_____

_____

_____

_____

_____

_____

_____

_____

_____

NICHE: _____

DESIGNER:_____ COST: _____

DESIGN PLATFORM: _____

FILE NAME AND LOCATION: _____

_____

DESIGN TECNIQUES: _____

_____

_____

_____

_____

_____

_____

_____

_____

POD PLATFORMS UPLOADED: _____

_____

_____

_____

_____

_____

_____

_____

_____

_____

_____

_____

_____

_____

AD PLATFORMS: _____

_____

_____

_____

_____

_____

DESIGN SCALING IDEAS: _____

_____

_____

_____

_____

_____

_____

_____

_____

_____

NOTES:

_____

_____

_____

_____

_____

_____

_____

_____

_____

_____

POD Idea #_____

ROUGH SKETCH

IDEA SYNOPSIS:

_____

_____

_____

_____

_____

_____

_____

_____

_____

_____

NICHE: _____

DESIGNER: _____ COST: _____

DESIGN PLATFORM: _____

FILE NAME AND LOCATION: _____

_____

DESIGN TECNIQUES: _____

_____

_____

_____

_____

_____

_____

_____

_____

POD PLATFORMS UPLOADED: _____

_____

_____

_____

_____

_____

_____

_____

_____

_____

_____

_____

NICHE: _____

AD PLATFORMS: _____

_____

_____

_____

_____

DESIGN SCALING IDEAS: _____

_____

_____

_____

_____

_____

_____

_____

_____

NOTES:

_____

_____

_____

_____

_____

_____

_____

_____

_____

_____

POD Idea #_____

ROUGH SKETCH

IDEA SYNOPSIS:

_____

_____

_____

_____

_____

_____

_____

_____

_____

_____

NICHE: _____

DESIGNER: _____ COST: _____

DESIGN PLATFORM: _____

FILE NAME AND LOCATION: _____

_____

DESIGN TECNIQUES: _____

_____

_____

_____

_____

_____

_____

_____

_____

POD PLATFORMS UPLOADED: _____

_____

_____

_____

_____

_____

_____

_____

_____

_____

_____

_____

_____

AD PLATFORMS: _____

_____

_____

_____

_____

DESIGN SCALING IDEAS: _____

_____

_____

_____

_____

_____

_____

_____

_____

_____

NOTES:

_____

_____

_____

_____

_____

_____

_____

_____

_____

_____

_____

POD Idea #_____

ROUGH SKETCH

IDEA SYNOPSIS:

_____

_____

_____

_____

_____

_____

_____

_____

_____

_____

NICHE: _____

DESIGNER:_____ COST: _____

DESIGN PLATFORM: _____

FILE NAME AND LOCATION: _____

_____

DESIGN TECNIQUES: _____

_____

_____

_____

_____

_____

_____

_____

_____

POD PLATFORMS UPLOADED: _____

_____

_____

_____

_____

_____

_____

_____

_____

_____

_____

_____

_____

NICHE: _____

AD PLATFORMS: _____

_____

_____

_____

_____

DESIGN SCALING IDEAS: _____

_____

_____

_____

_____

_____

_____

_____

_____

NOTES:

_____

_____

_____

_____

_____

_____

_____

_____

_____

POD Idea #_____

ROUGH SKETCH

IDEA SYNOPSIS:

_____
_____
_____
_____
_____
_____
_____
_____
_____
_____

NICHE: _____

DESIGNER:_____ COST: _____

DESIGN PLATFORM: _____

FILE NAME AND LOCATION: _____

_____

DESIGN TECNIQUES: _____

_____

_____

_____

_____

_____

_____

_____

_____

POD PLATFORMS UPLOADED: _____

_____

_____

_____

_____

_____

_____

_____

_____

_____

_____

_____

_____

_____

AD PLATFORMS: _____

_____

_____

_____

_____

DESIGN SCALING IDEAS: _____

_____

_____

_____

_____

_____

_____

_____

_____

_____

NOTES:

_____

_____

_____

_____

_____

_____

_____

_____

_____

POD Idea #_____

ROUGH SKETCH

IDEA SYNOPSIS:

_____

_____

_____

_____

_____

_____

_____

_____

_____

_____

NICHE: _____

DESIGNER:_____ COST: _____

DESIGN PLATFORM: _____

FILE NAME AND LOCATION: _____

_____

DESIGN TECNIQUES: _____

_____

_____

_____

_____

_____

_____

_____

_____

POD PLATFORMS UPLOADED: _____

_____

_____

_____

_____

_____

_____

_____

_____

_____

_____

NICHE: _____

AD PLATFORMS: _____

_____

_____

_____

_____

DESIGN SCALING IDEAS: _____

_____

_____

_____

_____

_____

_____

_____

_____

NOTES:

_____

_____

_____

_____

_____

_____

_____

_____

_____

POD Idea #_____

ROUGH SKETCH

IDEA SYNOPSIS:

_____

_____

_____

_____

_____

_____

_____

_____

_____

_____

NICHE: _____

DESIGNER:_____ COST: _____

DESIGN PLATFORM: _____

FILE NAME AND LOCATION: _____

_____

DESIGN TECNIQUES: _____

_____

_____

_____

_____

_____

_____

_____

POD PLATFORMS UPLOADED: _____

_____

_____

_____

_____

_____

_____

_____

_____

_____

_____

AD PLATFORMS: _____

_____

_____

_____

_____

DESIGN SCALING IDEAS: _____

_____

_____

_____

_____

_____

_____

_____

_____

NOTES:

_____

_____

_____

_____

_____

_____

_____

_____

_____

_____

POD Idea #_____

ROUGH SKETCH

IDEA SYNOPSIS:

_____
_____
_____
_____
_____
_____
_____
_____
_____
_____

NICHE: _____

DESIGNER:_____ COST: _____

DESIGN PLATFORM: _____

FILE NAME AND LOCATION: _____

_____

DESIGN TECNIQUES: _____

_____

_____

_____

_____

_____

_____

_____

_____

POD PLATFORMS UPLOADED: _____

_____

_____

_____

_____

_____

_____

_____

_____

_____

_____

_____

_____

AD PLATFORMS: _____

_____

_____

_____

_____

DESIGN SCALING IDEAS: _____

_____

_____

_____

_____

_____

_____

_____

_____

NOTES:

_____

_____

_____

_____

_____

_____

_____

_____

_____

POD Idea #_____

ROUGH SKETCH

IDEA SYNOPSIS:

_____

_____

_____

_____

_____

_____

_____

_____

_____

_____

NICHE: _____

DESIGNER:_____ COST: _____

DESIGN PLATFORM: _____

FILE NAME AND LOCATION: _____

_____

DESIGN TECNIQUES: _____

_____

_____

_____

_____

_____

_____

_____

_____

POD PLATFORMS UPLOADED: _____

_____

_____

_____

_____

_____

_____

_____

_____

_____

_____

_____

_____

AD PLATFORMS: _____

_____

_____

_____

_____

_____

DESIGN SCALING IDEAS: _____

_____

_____

_____

_____

_____

_____

_____

_____

NOTES:

_____

_____

_____

_____

_____

_____

_____

_____

_____

POD Idea #_____

ROUGH SKETCH

IDEA SYNOPSIS:

_____
_____
_____
_____
_____
_____
_____
_____
_____
_____

NICHE: _____

DESIGNER:_____ COST: _____

DESIGN PLATFORM: _____

FILE NAME AND LOCATION: _____

_____

DESIGN TECNIQUES: _____

_____

_____

_____

_____

_____

_____

_____

_____

POD PLATFORMS UPLOADED: _____

_____

_____

_____

_____

_____

_____

_____

_____

_____

_____

_____

AD PLATFORMS: _____

_____

_____

_____

_____

DESIGN SCALING IDEAS: _____

_____

_____

_____

_____

_____

_____

_____

_____

NOTES:

_____

_____

_____

_____

_____

_____

_____

_____

_____

_____

POD Idea #_____

ROUGH SKETCH

IDEA SYNOPSIS:

_____

_____

_____

_____

_____

_____

_____

_____

_____

NICHE: _____

DESIGNER:_____ COST: _____

DESIGN PLATFORM: _____

FILE NAME AND LOCATION: _____

_____

DESIGN TECNIQUES: _____

_____

_____

_____

_____

_____

_____

_____

_____

POD PLATFORMS UPLOADED: _____

_____

_____

_____

_____

_____

_____

_____

_____

_____

_____

_____

AD PLATFORMS: _____

_____

_____

_____

_____

DESIGN SCALING IDEAS: _____

_____

_____

_____

_____

_____

_____

_____

_____

NOTES:

_____

_____

_____

_____

_____

_____

_____

_____

_____

_____

POD Idea #_____

ROUGH SKETCH

IDEA SYNOPSIS:

_____

_____

_____

_____

_____

_____

_____

_____

_____

_____

NICHE: _____

DESIGNER: _____ COST: _____

DESIGN PLATFORM: _____

FILE NAME AND LOCATION: _____

_____

DESIGN TECNIQUES: _____

_____

_____

_____

_____

_____

_____

_____

_____

POD PLATFORMS UPLOADED: _____

_____

_____

_____

_____

_____

_____

_____

_____

_____

_____

_____

AD PLATFORMS: _____

_____

_____

_____

_____

_____

DESIGN SCALING IDEAS: _____

_____

_____

_____

_____

_____

_____

_____

_____

NOTES:

_____

_____

_____

_____

_____

_____

_____

_____

_____

_____

POD Idea #_____

ROUGH SKETCH

IDEA SYNOPSIS:

_____

_____

_____

_____

_____

_____

_____

_____

_____

_____

NICHE: _____

DESIGNER:_____ COST: _____

DESIGN PLATFORM: _____

FILE NAME AND LOCATION: _____

_____

DESIGN TECNIQUES: _____

_____

_____

_____

_____

_____

_____

_____

POD PLATFORMS UPLOADED: _____

_____

_____

_____

_____

_____

_____

_____

_____

_____

_____

AD PLATFORMS: _____

_____

_____

_____

_____

_____

DESIGN SCALING IDEAS: _____

_____

_____

_____

_____

_____

_____

_____

_____

NOTES:

_____

_____

_____

_____

_____

_____

_____

_____

_____

_____

POD Idea #_____

ROUGH SKETCH

IDEA SYNOPSIS:

_____

_____

_____

_____

_____

_____

_____

_____

_____

_____

NICHE: _____

DESIGNER: _____ COST: _____

DESIGN PLATFORM: _____

FILE NAME AND LOCATION: _____

_____

DESIGN TECNIQUES: _____

_____

_____

_____

_____

_____

_____

_____

POD PLATFORMS UPLOADED: _____

_____

_____

_____

_____

_____

_____

_____

_____

_____

_____

_____

AD PLATFORMS: _____

_____
_____
_____
_____
_____

DESIGN SCALING IDEAS: _____

_____
_____
_____
_____
_____
_____
_____
_____

NOTES:

_____
_____
_____
_____
_____
_____
_____
_____
_____
_____

ROUGH SKETCH

IDEA SYNOPSIS:

_____

_____

_____

_____

_____

_____

_____

_____

_____

NICHE: _____

DESIGNER:_____ COST: _____

DESIGN PLATFORM: _____

FILE NAME AND LOCATION: _____

_____

DESIGN TECNIQUES: _____

_____

_____

_____

_____

_____

_____

_____

_____

POD PLATFORMS UPLOADED: _____

_____

_____

_____

_____

_____

_____

_____

_____

_____

_____

_____

_____

AD PLATFORMS: _____

_____

_____

_____

_____

DESIGN SCALING IDEAS: _____

_____

_____

_____

_____

_____

_____

_____

_____

NOTES:

_____

_____

_____

_____

_____

_____

_____

_____

_____

_____

POD Idea #_____

ROUGH SKETCH

IDEA SYNOPSIS:

_____

_____

_____

_____

_____

_____

_____

_____

_____

NICHE: _____

DESIGNER: _____ COST: _____

DESIGN PLATFORM: _____

FILE NAME AND LOCATION: _____

_____

DESIGN TECNIQUES: _____

_____

_____

_____

_____

_____

_____

_____

_____

POD PLATFORMS UPLOADED: _____

_____

_____

_____

_____

_____

_____

_____

_____

_____

_____

_____

AD PLATFORMS: _____

_____

_____

_____

_____

DESIGN SCALING IDEAS: _____

_____

_____

_____

_____

_____

_____

_____

_____

NOTES:

_____

_____

_____

_____

_____

_____

_____

_____

_____

_____

_____

POD Idea #_____

ROUGH SKETCH

IDEA SYNOPSIS:

_____

_____

_____

_____

_____

_____

_____

_____

_____

_____

NICHE: _____

DESIGNER: _____ COST: _____

DESIGN PLATFORM: _____

FILE NAME AND LOCATION: _____

_____

DESIGN TECNIQUES: _____

_____

_____

_____

_____

_____

_____

_____

_____

POD PLATFORMS UPLOADED: _____

_____

_____

_____

_____

_____

_____

_____

_____

_____

_____

_____

_____

AD PLATFORMS: _____

_____

_____

_____

_____

_____

DESIGN SCALING IDEAS: _____

_____

_____

_____

_____

_____

_____

_____

_____

NOTES:

_____

_____

_____

_____

_____

_____

_____

_____

_____

_____

POD Idea #_____

ROUGH SKETCH

IDEA SYNOPSIS:

_____

_____

_____

_____

_____

_____

_____

_____

_____

_____

NICHE: _____

DESIGNER: _____ COST: _____

DESIGN PLATFORM: _____

FILE NAME AND LOCATION: _____

_____

DESIGN TECNIQUES: _____

_____

_____

_____

_____

_____

_____

_____

POD PLATFORMS UPLOADED: _____

_____

_____

_____

_____

_____

_____

_____

_____

_____

_____

AD PLATFORMS: _____

_____

_____

_____

_____

DESIGN SCALING IDEAS: _____

_____

_____

_____

_____

_____

_____

_____

_____

_____

NOTES:

_____

_____

_____

_____

_____

_____

_____

_____

_____

_____

_____

POD Idea #_____

ROUGH SKETCH

IDEA SYNOPSIS:

_____

_____

_____

_____

_____

_____

_____

_____

_____

_____

NICHE: _____

DESIGNER:_____ COST: _____

DESIGN PLATFORM: _____

FILE NAME AND LOCATION: _____

_____

DESIGN TECNIQUES: _____

_____

_____

_____

_____

_____

_____

_____

_____

POD PLATFORMS UPLOADED: _____

_____

_____

_____

_____

_____

_____

_____

_____

_____

_____

AD PLATFORMS: _____

_____

_____

_____

_____

DESIGN SCALING IDEAS: _____

_____

_____

_____

_____

_____

_____

_____

_____

_____

NOTES:

_____

_____

_____

_____

_____

_____

_____

_____

_____

_____

POD Idea #_____

ROUGH SKETCH

IDEA SYNOPSIS:

_____
_____
_____
_____
_____
_____
_____
_____
_____
_____

NICHE: _____

DESIGNER:_____ COST: _____

DESIGN PLATFORM: _____

FILE NAME AND LOCATION: _____

_____

DESIGN TECNIQUES: _____

_____

_____

_____

_____

_____

_____

_____

_____

POD PLATFORMS UPLOADED: _____

_____

_____

_____

_____

_____

_____

_____

_____

_____

_____

_____

_____

AD PLATFORMS: _____

_____

_____

_____

_____

_____

DESIGN SCALING IDEAS: _____

_____

_____

_____

_____

_____

_____

_____

_____

_____

NOTES:

_____

_____

_____

_____

_____

_____

_____

_____

_____

_____

POD Idea #_____

ROUGH SKETCH

IDEA SYNOPSIS:

_____

_____

_____

_____

_____

_____

_____

_____

_____

_____

NICHE: _____

DESIGNER:_____ COST: _____

DESIGN PLATFORM: _____

FILE NAME AND LOCATION: _____

_____

DESIGN TECNIQUES: _____

_____

_____

_____

_____

_____

_____

_____

_____

POD PLATFORMS UPLOADED: _____

_____

_____

_____

_____

_____

_____

_____

_____

_____

_____

_____

_____

AD PLATFORMS: _____

_____

_____

_____

_____

_____

DESIGN SCALING IDEAS: _____

_____

_____

_____

_____

_____

_____

_____

_____

NOTES:

_____

_____

_____

_____

_____

_____

_____

_____

_____

POD Idea #_____

ROUGH SKETCH

IDEA SYNOPSIS:

_____
_____
_____
_____
_____
_____
_____
_____
_____
_____

NICHE: _____

DESIGNER: _____ COST: _____

DESIGN PLATFORM: _____

FILE NAME AND LOCATION: _____

_____

DESIGN TECNIQUES: _____

_____

_____

_____

_____

_____

_____

_____

POD PLATFORMS UPLOADED: _____

_____

_____

_____

_____

_____

_____

_____

_____

_____

_____

AD PLATFORMS: _____

_____

_____

_____

_____

DESIGN SCALING IDEAS: _____

_____

_____

_____

_____

_____

_____

_____

_____

NOTES:

_____

_____

_____

_____

_____

_____

_____

_____

_____

_____

POD Idea #_____

ROUGH SKETCH

IDEA SYNOPSIS:

_____
_____
_____
_____
_____
_____
_____
_____
_____

NICHE: _____

DESIGNER: _____ COST: _____

DESIGN PLATFORM: _____

FILE NAME AND LOCATION: _____

_____

DESIGN TECNIQUES: _____

_____

_____

_____

_____

_____

_____

_____

POD PLATFORMS UPLOADED: _____

_____

_____

_____

_____

_____

_____

_____

_____

_____

_____

AD PLATFORMS: _____

_____

_____

_____

_____

DESIGN SCALING IDEAS: _____

_____

_____

_____

_____

_____

_____

_____

_____

_____

NOTES:

_____

_____

_____

_____

_____

_____

_____

_____

_____

_____

POD Idea #_____

ROUGH SKETCH

IDEA SYNOPSIS:

_____

_____

_____

_____

_____

_____

_____

_____

_____

_____

NICHE: _____

DESIGNER:_____ COST: _____

DESIGN PLATFORM: _____

FILE NAME AND LOCATION: _____

_____

DESIGN TECNIQUES: _____

_____

_____

_____

_____

_____

_____

_____

POD PLATFORMS UPLOADED: _____

_____

_____

_____

_____

_____

_____

_____

_____

_____

_____

NICHE: _____

AD PLATFORMS: _____

_____
_____
_____
_____
_____

DESIGN SCALING IDEAS: _____

_____
_____
_____
_____
_____
_____
_____
_____
_____
_____

NOTES:

_____
_____
_____
_____
_____
_____
_____
_____
_____
_____
_____

POD Idea #_____

ROUGH SKETCH

IDEA SYNOPSIS:

_____
_____
_____
_____
_____
_____
_____
_____
_____
_____

NICHE: _____

DESIGNER: _____ COST: _____

DESIGN PLATFORM: _____

FILE NAME AND LOCATION: _____

_____

DESIGN TECNIQUES: _____

_____

_____

_____

_____

_____

_____

_____

_____

POD PLATFORMS UPLOADED: _____

_____

_____

_____

_____

_____

_____

_____

_____

_____

_____

_____

_____

_____

AD PLATFORMS: _____

_____

_____

_____

_____

_____

DESIGN SCALING IDEAS: _____

_____

_____

_____

_____

_____

_____

_____

_____

NOTES:

_____

_____

_____

_____

_____

_____

_____

_____

_____

_____

POD Idea #_____

ROUGH SKETCH

IDEA SYNOPSIS:

_____

_____

_____

_____

_____

_____

_____

_____

_____

_____

NICHE: _____

DESIGNER: _____ COST: _____

DESIGN PLATFORM: _____

FILE NAME AND LOCATION: _____

_____

DESIGN TECNIQUES: _____

_____

_____

_____

_____

_____

_____

_____

_____

POD PLATFORMS UPLOADED: _____

_____

_____

_____

_____

_____

_____

_____

_____

_____

_____

_____

AD PLATFORMS: _____

_____

_____

_____

_____

DESIGN SCALING IDEAS: _____

_____

_____

_____

_____

_____

_____

_____

_____

_____

NOTES:

_____

_____

_____

_____

_____

_____

_____

_____

_____

_____

POD Idea #_____

ROUGH SKETCH

IDEA SYNOPSIS:

_____

_____

_____

_____

_____

_____

_____

_____

_____

NICHE: _____

DESIGNER: _____ COST: _____

DESIGN PLATFORM: _____

FILE NAME AND LOCATION: _____

_____

DESIGN TECNIQUES: _____

_____

_____

_____

_____

_____

_____

_____

POD PLATFORMS UPLOADED: _____

_____

_____

_____

_____

_____

_____

_____

_____

_____

_____

_____

AD PLATFORMS: _____

_____

_____

_____

_____

_____

DESIGN SCALING IDEAS: _____

_____

_____

_____

_____

_____

_____

_____

_____

_____

NOTES:

_____

_____

_____

_____

_____

_____

_____

_____

_____

_____

_____

_____

POD Idea #_____

ROUGH SKETCH

IDEA SYNOPSIS:

_____
_____
_____
_____
_____
_____
_____
_____
_____
_____

NICHE: _____

DESIGNER: _____ COST: _____

DESIGN PLATFORM: _____

FILE NAME AND LOCATION: _____

_____

DESIGN TECNIQUES: _____

_____

_____

_____

_____

_____

_____

_____

_____

POD PLATFORMS UPLOADED: _____

_____

_____

_____

_____

_____

_____

_____

_____

_____

_____

_____

AD PLATFORMS: _____

_____

_____

_____

_____

DESIGN SCALING IDEAS: _____

_____

_____

_____

_____

_____

_____

_____

_____

NOTES:

_____

_____

_____

_____

_____

_____

_____

_____

_____

INDEX:

PAGE   IDEA

_____   _____

_____   _____

_____   _____

_____   _____

_____   _____

_____   _____

_____   _____

_____   _____

_____   _____

_____   _____

_____   _____

_____   _____

_____   _____

_____   _____

_____   _____

_____   _____

INDEX:

PAGE   IDEA

_____   _____

_____   _____

_____   _____

_____   _____

_____   _____

_____   _____

_____   _____

_____   _____

_____   _____

_____   _____

_____   _____

_____   _____

_____   _____

_____   _____

_____   _____

_____   _____

INDEX:

PAGE   IDEA

_____   _____

_____   _____

_____   _____

_____   _____

_____   _____

_____   _____

_____   _____

_____   _____

_____   _____

_____   _____

_____   _____

_____   _____

_____   _____

_____   _____

_____   _____

INDEX:

PAGE IDEA

_____ _____

_____ _____

_____ _____

_____ _____

_____ _____

_____ _____

_____ _____

_____ _____

_____ _____

_____ _____

_____ _____

_____ _____

_____ _____

_____ _____

_____ _____

_____ _____

_____ _____

www.ingramcontent.com/pod-product-compliance
Lightning Source LLC
Chambersburg PA
CBHW081004170526
45158CB00010B/2902